Ferruccio   Busoni

Entwurf einer neuen Ästhetik der Tonkunst

Ferruccio   Busoni

Entwurf einer neuen Ästhetik der Tonkunst

ISBN/EAN: 9783337199524

Hergestellt in Europa, USA, Kanada, Australien, Japan

Cover: Foto ©Thomas Meinert / pixelio.de

Weitere Bücher finden Sie auf **www.hansebooks.com**

Ferruccio Busoni

Entwurf
einer neuen Ästhetik
der Tonkunst

Zweite, erweiterte Ausgabe

Im Insel-Verlag zu Leipzig

Dem Musiker in Worten
Rainer Maria Rilke
verehrungsvoll und freundschaftlich
dargeboten

„Ich fühlte ... daß ich kein englisches
und kein lateinisches Buch schreiben
werde: und dies aus dem einen Grund ...
nämlich weil die Sprache, in welcher nicht
nur zu schreiben, sondern auch zu
denken mir vielleicht gegeben wäre, weder
die lateinische, noch die englische, noch
die italienische und spanische ist, sondern
eine Sprache, von deren Worten mir auch
nicht eines bekannt ist, eine Sprache, in
welcher die stummen Dinge zu mir
sprechen und in welcher ich vielleicht
einst im Grabe vor einem unbekannten
Richter mich verantworten werde."

Hugo von Hofmannsthal, „Ein Brief".

Der literarischen Gestaltung nach recht locker
aneinander gefügt, sind diese Aufzeichnungen in Wahrheit
das Ergebnis von lange und langsam gereiften
Überzeugungen.

In ihnen wird ein größtes Problem mit scheinbarer
Unbefangenheit aufgestellt, ohne daß der Schlüssel zu seiner
letzten Lösung gegeben werde, weil das Problem auf

Menschenalter hinaus nicht – wenn überhaupt – lösbar ist.

Aber es begreift in sich eine unaufgezählte Reihe minderer Probleme, auf die ich das Nachdenken derjenigen lenke, die es betrifft. Denn recht lange schon hatte man in der Musik ernstlichem Suchen nicht sich hingegeben.

Wohl entsteht zu jeder Zeit Geniales und Bewunderungswertes, und ich stellte mich stets in die erste Reihe, die vorüberziehenden Fahnenträger freudig zu begrüßen; aber mir will es scheinen, daß die mannigfachen Wege, die beschritten werden, zwar in schöne Weiten führen, aber nicht – nach oben.

Der Geist eines Kunstwerkes, das Maß der Empfindung, das Menschliche, das in ihm ist – sie bleiben durch wechselnde Zeiten unverändert an Wert; die Form, die diese drei aufnahm, die Mittel, die sie ausdrückten, und der Geschmack, den die Epoche ihres Entstehens über sie ausgoß, sie sind vergänglich und rasch alternd.

Geist und Empfindung bewahren ihre Art, so im Kunstwerk wie im Menschen; technische Errungenschaften, bereitwilligst erkannt und bewundert, werden überholt, oder der Geschmack wendet sich von ihnen gesättigt ab. –

Die vergänglichen Eigenschaften machen das „Moderne" eines Werkes aus; die unveränderlichen bewahren es davor, „altmodisch" zu werden. Im „Modernen" wie im „Alten" gibt es Gutes und Schlechtes, Echtes und Unechtes. Absolut Modernes existiert nicht – nur früher oder später Entstandenes; länger blühend oder schneller welkend. Immer gab es Modernes, und immer Altes. –

Die Kunstformen sind um so dauernder, je näher sie sich

an das Wesen der einzelnen Kunstgattung halten, je reiner sie sich in ihren natürlichen Mitteln und Zielen bewahren.

Die Plastik verzichtet auf den Ausdruck der menschlichen Pupille und auf die Farben; die Malerei degradiert, wenn sie die darstellende Fläche verläßt und sich zur Theaterdekoration oder zum Panoramabild kompliziert; –

die Architektur hat ihre Grundform, die von unten nach oben zu schreiten muß, durch statische Notwendigkeit vorgeschrieben; Fenster und Dach geben notgedrungen die mittlere und abschließende Ausgestaltung; diese Bedingungen sind an ihr bleibend und unverletzbar; –

die Dichtung gebietet über den abstrakten Gedanken, den sie in Worte kleidet; sie reicht an die weitesten Grenzen und hat die größere Unabhängigkeit voraus:

aber alle Künste, Mittel und Formen erzielen beständig das eine, nämlich die Abbildung der Natur und die Wiedergabe der menschlichen Empfindungen.

Architektur, Plastik, Dichtung und Malerei sind alte und reife Künste; ihre Begriffe sind gefestigt und ihre Ziele sicher geworden; sie haben durch Jahrtausende den Weg gefunden und beschreiben, wie ein Planet, regelmäßig ihren Kreis.[1]

Ihnen gegenüber ist die Tonkunst das Kind, das zwar gehen gelernt hat, aber noch geführt werden muß. Es ist eine jungfräuliche Kunst, die noch nichts erlebt und gelitten hat.

Sie ist sich selbst noch nicht bewußt dessen, was sie kleidet, der Vorzüge, die sie besitzt, und der Fähigkeiten, die in ihr schlummern: wiederum ist sie ein Wunderkind, das schon viel Schönes geben kann, schon viele erfreuen konnte und dessen Gaben allgemein für völlig ausgereift gehalten werden.

Die Musik als Kunst, die sogenannte abendländische Musik, ist kaum vierhundert Jahre alt, sie lebt im Zustande der Entwicklung; vielleicht im allerersten Stadium einer noch unabsehbaren Entwicklung, und wir sprechen von Klassikern und geheiligten Traditionen![2] Spricht doch bereits ein Cherubini, in seinem Lehrbuch des Kontrapunktes, von „den Alten".

Wir haben Regeln formuliert, Prinzipien aufgestellt, Gesetze vorgeschrieben – – – wir wenden die Gesetze der Erwachsenen auf ein Kind an, das die Verantwortung noch nicht kennt!

So jung es ist, dieses Kind, eine strahlende Eigenschaft ist an ihm schon erkennbar, die es vor allen seinen älteren Gefährten auszeichnet. Und diese wundersame Eigenschaft wollen die Gesetzgeber nicht sehen, weil ihre Gesetze sonst über den Haufen geworfen würden. Das Kind – es schwebt! Es berührt nicht die Erde mit seinen Füßen. Es ist nicht der Schwere unterworfen. Es ist fast unkörperlich. Seine Materie ist durchsichtig. Es ist tönende Luft. Es ist fast die Natur selbst. Es ist frei.

Freiheit ist aber etwas, das die Menschen nie völlig begriffen noch gänzlich empfunden haben. Sie können sie nicht erkennen noch anerkennen.

Sie verleugnen die Bestimmung dieses Kindes und fesseln es. Das schwebende Wesen muß geziemend gehen, muß, wie jeder andere, den Regeln des Anstandes sich fügen; kaum, daß es hüpfen darf – indessen es seine Lust wäre, der Linie des Regenbogens zu folgen und mit den Wolken Sonnenstrahlen zu brechen.

Frei ist die Tonkunst geboren und frei zu werden ihre Bestimmung. Sie wird der vollständigste aller Naturwiderscheine werden durch die Ungebundenheit ihrer Unmaterialität. Selbst das dichterische Wort steht ihr an Unkörperlichkeit nach; sie kann sich zusammenballen und kann auseinanderfließen, die regloseste Ruhe und das lebhafteste Stürmen sein; sie hat die höchsten Höhen, die Menschen wahrnehmbar sind – welche andere Kunst hat das? –, und ihre Empfindung trifft die menschliche Brust mit jener Intensität, die vom „Begriffe" unabhängig ist.

Sie gibt ein Temperament wieder, ohne es zu beschreiben, mit der Beweglichkeit der Seele, mit der Lebendigkeit der aufeinanderfolgenden Momente; dort, wo der Maler oder der Bildhauer nur eine Seite oder einen Augenblick, eine „Situation" darstellen kann und der Dichter ein Temperament und dessen Regungen mühsam durch angereihte Worte mitteilt.

Darum sind Darstellung und Beschreibung nicht das Wesen der Tonkunst; somit sprechen wir die Ablehnung der Programmusik aus und gelangen zu der Frage nach den Zielen der Tonkunst.

Absolute Musik! Was die Gesetzgeber darunter meinen, ist vielleicht das Entfernteste vom Absoluten in der Musik. „Absolute Musik" ist ein Formenspiel ohne dichterisches Programm, wobei die Form die wichtigste Rolle abgibt. Aber gerade die Form steht der absoluten Musik entgegengesetzt, die doch den göttlichen Vorzug erhielt zu schweben und von den Bedingungen der Materie frei zu sein. Auf dem Bilde endet die Darstellung eines Sonnenunterganges mit dem Rahmen; die unbegrenzte Naturerscheinung erhält eine viereckige Abgrenzung; die einmal gewählte Zeichnung der Wolke steht für immer unveränderlich da. Die Musik kann sich erhellen, sich verdunkeln, sich verschieben und endlich verhauchen wie die Himmelserscheinung selbst, und der Instinkt bestimmt den schaffenden Musiker, diejenigen Töne zu verwenden, die in dem Innern des Menschen auf dieselbe Taste drücken und denselben Widerhall erwecken, wie die Vorgänge in der Natur.

Absolute Musik ist dagegen etwas ganz Nüchternes, welches an geordnet aufgestellte Notenpulte erinnert, an Verhältnis von Tonika und Dominante, an Durchführungen und Kodas.

Da höre ich den zweiten Geiger, wie er sich eine Quart tiefer abmüht, den gewandteren ersten nachzuahmen, höre einen unnötigen Kampf auskämpfen, um dahin zu gelangen, wo man schon am Anfang stand. Diese Musik sollte vielmehr die architektonische heißen, oder die symmetrische, oder die eingeteilte, und sie stammt daher, daß einzelne Tondichter ihren Geist und ihre Empfindung in eine solche Form gossen, weil es ihnen oder der Zeit am nächsten lag. Die Gesetzgeber haben Geist, Empfindung, die Individualität jener Tonsetzer und ihre Zeit mit der symmetrischen Musik identifiziert und schließlich – da sie weder den Geist, noch die Empfindung, noch die Zeit wiedergebären konnten – die Form als Symbol behalten und sie zum Schild, zur Glaubenslehre erhoben. Die Tondichter suchten und fanden diese Form als das geeignetste Mittel, ihre Gedanken mitzuteilen; sie entschwebten – und die Gesetzgeber entdecken und verwahren Euphorions auf der Erde zurückgebliebene Gewänder:

„Noch immer glücklich aufgefunden!
Die Flamme freilich ist verschwunden,
Doch ist mir um die Welt nicht leid.
Hier bleibt genug, Poeten einzuweihen,
Zu stiften Gold- und Handwerksneid;
Und kann ich die Talente nicht verleihen,
Verborg ich wenigstens das Kleid."

Ists nicht eigentümlich, daß man vom Komponisten in allem Originalität fordert und daß man sie ihm in der Form verbietet? Was Wunder, daß man ihn – wenn er wirklich originell wird – der Formlosigkeit anklagt. Mozart! den Sucher und den Finder, den großen Menschen mit dem kindlichen Herzen, ihn staunen wir an, an ihm hängen wir; nicht aber an seiner Tonika und Dominante, seinen Durchführungen und Kodas.

Solche Befreiungslust erfüllte einen Beethoven, den romantischen Revolutionsmenschen, daß er einen kleinen Schritt in der Zurückführung der Musik zu ihrer höheren Natur aufstieg; einen kleinen Schritt in der großen Aufgabe, einen großen Schritt in seinem eigenen Weg. Die ganz absolute Musik hat er nicht erreicht, aber in einzelnen Augenblicken geahnt, wie in der Introduktion zur Fuge der Hammerklavier-Sonate. Überhaupt kamen die Tondichter in den vorbereitenden und vermittelnden Sätzen (Vorspielen und Übergängen) der wahren Natur der Musik am nächsten, wo sie glaubten, die symmetrischen Verhältnisse außer acht lassen zu dürfen und selbst unbewußt frei aufzuatmen schienen. Selbst einen so viel kleineren Schumann ergreift an solchen Stellen etwas von dem Unbegrenzten dieser Pan-Kunst – man denke an die Überleitung zum letzten Satze der D-Moll-Sinfonie –, und Gleiches kann man von Brahms und der Introduktion zum

11

Finale seiner ersten Sinfonie behaupten.

Aber sobald sie die Schwelle des Hauptsatzes beschreiten, wird ihre Haltung steif und konventionell wie die eines Mannes, der in ein Amtszimmer tritt.

Neben Beethoven ist Bach der „Ur-Musik" am verwandtesten. Seine Orgelfantasien (und nicht die Fugen) haben unzweifelhaft einen starken Zug von Landschaftlichem (dem Architektonisch Entgegenstehenden), von Eingebungen, die man „Mensch und Natur" überschreiben möchte[3]; bei ihm gestaltet es sich am unbefangensten, weil er noch über seine Vorgänger hinwegschritt – (wenn er sie auch bewunderte und sogar benutzte) – und weil ihm die noch junge Errungenschaft der temperierten Stimmung vorläufig unendlich neue Möglichkeiten erstehen ließ.

Darum sind Bach und Beethoven[4] als ein Anfang aufzufassen und nicht als unzuübertreffende Abgeschlossenheiten. Unübertrefflich werden wahrscheinlich ihr Geist und ihre Empfindung bleiben; und das bestätigt wiederum das zu Beginn dieser Zeilen Gesagte. Nämlich, daß die Empfindung und der Geist durch den Wechsel der Zeiten an Wert nichts einbüßen, und daß derjenige, der ihre höchsten Höhen ersteigt, jederzeit über die Menge ragen wird.

Was noch überstiegen werden soll, ist ihre Ausdrucksform und ihre Freiheit. Wagner, ein germanischer Riese, der im Orchesterklang den irdischen Horizont streifte, der die Ausdrucksform zwar steigerte, aber in ein System brachte (Musikdrama, Deklamation, Leitmotiv), ist durch die selbstgeschaffenen Grenzen nicht weiter steigerungsfähig. Seine Kategorie beginnt und endet mit ihm selbst; vorerst weil er sie zur höchsten Vollendung, zu einer Abrundung brachte; sodann, weil die selbstgestellte Aufgabe derart war, daß sie von einem Menschen allein bewältigt werden konnte. „Er gibt uns zugleich mit dem Problem auch die Lösung", wie ich einmal von Mozart sagte. Die Wege, die uns Beethoven eröffnet, können nur von Generationen zurückgelegt werden. Sie mögen – wie alles im Weltsystem – nur einen Kreis bilden; dieser ist aber von solchen Dimensionen, daß der Teil, den wir von ihm sehen, uns als gerade Linie erscheint. Wagners Kreis überblicken wir vollständig. – Ein Kreis im großen Kreise.

Der Name Wagner führt zur Programmusik zurück. Sie ist als ein Gegensatz zu der sogenannten „absoluten" Musik aufgestellt worden, und die Begriffe haben sich so verhärtet, daß selbst die Verständigen sich an den einen oder an den anderen Glauben halten, ohne eine dritte, außer und über den beiden liegende Möglichkeit anzunehmen. In Wirklichkeit ist die Programmusik ebenso einseitig und begrenzt wie das als absolute Musik verkündete, von Hanslick verherrlichte Klang-Tapetenmuster. Anstatt architektonischer und symmetrischer Formeln, anstatt der Tonika- und Dominantverhältnisse hat sie das bindende dichterische, zuweilen gar philosophische Programm als wie eine Schiene sich angeschnürt.

Jedes Motiv – so will es mir scheinen – enthält wie ein Samen seinen Trieb in sich. Verschiedene Pflanzensamen treiben verschiedene Pflanzenarten, an Form, Blättern, Blüten, Früchten, Wuchs und Farben voneinander abweichend.[5]

13

Selbst eine und dieselbe Pflanzengattung wächst an Ausdehnung, Gestalt und Kraft, in jedem Exemplar selbständig geartet. So liegt in jedem Motiv schon seine vollgereifte Form vorbestimmt; jedes einzelne muß sich anders entfalten, doch jedes folgt darin der Notwendigkeit der ewigen Harmonie. Diese Form bleibt unzerstörbar, doch niemals sich gleich.

Das Klangmotiv des programmusikalischen Werkes birgt die nämlichen Bedingungen in sich; es muß aber – schon bei seiner nächsten Entwicklungsphase – sich nicht nach dem eigenen Gesetz, sondern nach dem des „Programmes" formen, vielmehr „krümmen". Dergestalt, gleich in der ersten Bildung aus dem naturgesetzlichen Wege gebracht, gelangt es schließlich zu einem ganz unerwarteten Gipfel, wohin nicht seine Organisation, sondern das Programm, die Handlung, die philosophische Idee vorsätzlich es geführt.

Fürwahr, eine begrenzte, primitive Kunst! Gewiß gibt es nicht mißzudeutende, tonmalende Ausdrücke – (sie haben die Veranlassung zu dem ganzen Prinzip gegeben) –, aber es sind wenige und kleine Mittel, die einen ganz geringen Teil der Tonkunst ausmachen. Das wahrnehmbarste von ihnen, die Erniedrigung des Klanges zu Schall, bei Nachahmung von Naturgeräuschen: das Rollen des Donners, das Rauschen der Bäume und die Tierlaute; und schon weniger wahrnehmbar, symbolisch, die dem Gesichtssinn entnommenen Nachbildungen, wie Blitzesleuchten, Sprungbewegungen, Vogelflug; nur durch Übertragung des reflektierenden Gehirns verständlich: das Trompetensignal als kriegerisches Symbol, die Schalmei als ländliches Schild, der Marschrhythmus in der Bedeutung des Schreitens, der Choral als Träger der religiösen Empfindung. Zählen wir noch das Nationalcharakteristische – Nationalinstrumente, Nationalweisen – zum vorigen, so haben wir die Rüstkammer der Programmusik erschöpfend besichtigt. Bewegung und Ruhe, Moll und Dur, Hoch und Tief[6] in ihrer herkömmlichen Bedeutung ergänzen das Inventar. Das sind gut verwendbare Nebenhilfsmittel in einem großen Rahmen, aber allein genommen ebensowenig Musik, als Wachsfiguren Monumente zu nennen sind.

Und was kann schließlich die Darstellung eines kleinen Vorganges auf Erden, der Bericht über einen ärgerlichen Nachbar – gleichviel ob in der angrenzenden Stube oder im angrenzenden Weltteile – mit jener Musik, die durch das Weltall zieht, gemeinsam haben?

Wohl ist es der Musik gegeben, die menschlichen Gemütszustände schwingen zu lassen: Angst (Leporello), Beklemmung, Erstarkung, Ermattung (Beethovens letzte Quartette), Entschluß (Wotan), Zögern, Niedergeschlagenheit, Ermunterung, Härte, Weichheit, Aufregung, Beruhigung, das Überraschende, das Erwartungsvolle, und mehr; ebenso den inneren Widerklang äußerer Ereignisse, der in jenen Gemütsstimmungen enthalten ist. Nicht aber den Beweggrund jener Seelenregungen selbst: nicht die Freude über eine beseitigte Gefahr, nicht die Gefahr oder die Art der Gefahr, welche die Angst hervorruft; wohl einen Leidenschaftszustand, aber wiederum nicht die psychische Gattung dieser Leidenschaft, ob Neid oder Eifersucht; ebenso vergeblich ist es, moralische Eigenschaften, Eitelkeit, Klugheit, in Töne umzusetzen oder gar abstrakte Begriffe, wie Wahrheit und Gerechtigkeit, durch sie aussprechen zu wollen. Könnte man denken, wie ein armer, doch zufriedener Mensch in Musik wiederzugeben wäre? Die Zufriedenheit, der seelische Teil, kann zu Musik werden; wo bleibt aber die Armut, das ethische Problem, das hier wichtig war: zwar arm, jedoch zufrieden. Das kommt daher, daß „arm" eine Form irdischer und gesellschaftlicher Zustände ist, die in der ewigen Harmonie nicht zu finden ist. Musik ist aber ein Teil des schwingenden Weltalls.

Der größte Teil neuerer Theatermusik leidet an dem Fehler, daß sie die Vorgänge, die sich auf der Bühne abspielen, wiederholen will, anstatt ihrer eigentlichen Aufgabe nachzugehen, den Seelenzustand der handelnden Personen während jener Vorgänge zu tragen. Wenn die Bühne die Illusion eines Gewitters vortäuscht, so ist dieses Ereignis durch das Auge erschöpfend wahrgenommen. Fast alle Komponisten bemühen sich jedoch, das Gewitter in Tönen zu beschreiben, welches nicht nur eine unnötige und schwächere Wiederholung, sondern zugleich eine Versäumnis ihrer Aufgabe ist. Die Person auf der Bühne wird entweder von dem Gewitter seelisch beeinflußt, oder ihr Gemüt verweilt infolge von Gedanken, die es stärker in Anspruch nehmen, unbeirrt. Das Gewitter ist sichtbar und hörbar ohne Hilfe der Musik; was aber in der Seele des Menschen währenddessen vorgeht, das Unsichtbare und Unhörbare, das soll die Musik verständlich machen.

Wiederum gibt es „sichtbare" Seelenzustände auf der Bühne, um die sich die Musik nicht zu kümmern braucht. Nehmen wir die theatralische Situation[7], daß eine lustige nächtliche Gesellschaft sich singend entfernt und dem Auge entschwindet, indessen im Vordergrund ein schweigsamer, erbitterter Zweikampf ausgefochten wird. Hier wird die Musik die dem Auge nicht mehr erreichbare lustige

Gesellschaft durch den fortzusetzenden Gesang gegenwärtig halten müssen: was die beiden vorderen treiben und dabei empfinden, ist ohne jede weitere Erläuterung erkennbar, und die Musik darf, dramatisch gesprochen, nicht sich daran beteiligen, das tragische Schweigen nicht brechen.

Für bedingt gerechtfertigt halte ich den Modus der alten Oper, welche die durch eine dramatisch-bewegte Szene gewonnene Stimmung in einem geschlossenen Stücke zusammenfaßte und ausklingen ließ (Arie). – Wort und Gesten vermittelten den dramatischen Gang der Handlung, von der Musik mehr oder weniger dürftig rezitativisch gefolgt; an dem Ruhepunkt angelangt, nahm die Musik den Hauptsitz wieder ein. Das ist weniger äußerlich, als man es jetzt glauben machen will. Wieder war es aber die versteifte Form der „Arie" selbst, die zu der Unwahrheit des Ausdrucks und zum Verfall führte.

Immer wird das gesungene Wort auf der Bühne eine Konvention bleiben und ein Hindernis für alle wahrhaftige Wirkung: aus diesem Konflikt mit Anstand hervorzugehen, wird eine Handlung, in welcher die Personen singend agieren, von Anfang an auf das Unglaubhafte, Unwahre, Unwahrscheinliche gestellt sein müssen, auf daß eine Unmöglichkeit die andere stütze und so beide möglich und annehmbar werden.

Schon deshalb, und weil er von vornherein dieses wichtigste Prinzip ignoriert, sehe ich den sogenannten italienischen Verismus für die musikalische Bühne als unhaltbar an.

Bei der Frage über die Zukunft der Oper ist es nötig, über diese andere Klarheit zu gewinnen: „An welchen Momenten ist die Musik auf der Bühne unerläßlich?" Die präzise Antwort gibt diese Auskunft: „Bei Tänzen, bei Märschen, bei Liedern und – beim Eintreten des Übernatürlichen in die Handlung."

Es ergibt sich demnach eine kommende Möglichkeit in der Idee des übernatürlichen Stoffes. Und noch eine: in der des absoluten „Spieles", des unterhaltenden Verkleidungstreibens, der Bühne als offenkundige und angesagte Verstellung, in der Idee des Scherzes und der Unwirklichkeit als Gegensätze zum Ernste und zur Wahrhaftigkeit des Lebens. Dann ist es am rechten Platze, daß die Personen singend ihre Liebe beteuern und ihren Haß ausladen, und daß sie melodisch im Duell fallen, daß sie bei pathetischen Explosionen auf hohen Tönen Fermaten aushalten; es ist dann am rechten Platze, daß sie sich absichtlich anders gebärden als im Leben, anstatt daß sie (wie in unseren Theatern und in der Oper zumal) unabsichtlich alles verkehrt machen.

Es sollte die Oper des Übernatürlichen oder des Unnatürlichen, als der allein ihr natürlich zufallenden Region der Erscheinungen und der Empfindungen, sich bemächtigen und dergestalt eine Scheinwelt schaffen, die das Leben entweder in einen Zauberspiegel oder einen Lachspiegel reflektiert; die bewußt das geben will, was in dem wirklichen Leben nicht zu finden ist. Der Zauberspiegel für die ernste Oper, der Lachspiegel für die heitere. Und lasset Tanz und Maskenspiel und Spuk mit eingeflochten sein, auf daß der Zuschauer der anmutigen Lüge auf jedem Schritt gewahr bleibe und nicht sich ihr hingebe wie einem Erlebnis.

So wie der Künstler, wo er rühren soll, nicht selber gerührt werden darf – soll er nicht die Herrschaft über seine Mittel im gegebenen Augenblicke einbüßen –, so darf auch der Zuschauer, will er die theatralische Wirkung kosten, diese niemals für Wirklichkeit ansehen, soll nicht der künstlerische Genuß zur menschlichen Teilnahme herabsinken. Der Darsteller „spiele" – er erlebe nicht. Der Zuschauer bleibe ungläubig und dadurch ungehindert im geistigen Empfangen und Feinschmecken.

Auf solche Voraussetzungen gestützt, ließe sich eine Zukunft für die Oper sehr wohl erwarten. Aber das erste und stärkste Hindernis, fürchte ich, wird uns das Publikum selbst bereiten.

Es ist, wie mich dünkt, angesichts des Theaters durchaus kriminell veranlagt, und man kann vermuten, daß die meisten von der Bühne ein starkes menschliches Erlebnis wohl deshalb fordern, weil ein solches ihren Durchschnittsexistenzen fehlt; und wohl auch deswegen, weil ihnen der Mut zu solchen Konflikten abgeht, nach welchen ihre Sehnsucht verlangt. Und die Bühne spendet ihnen diese Konflikte, ohne die begleitenden Gefahren und die schlimmen Folgen, unkompromittierend, und vor allem: unanstrengend. Denn das weiß das Publikum nicht und mag es nicht wissen, daß, um ein Kunstwerk zu empfangen, die halbe Arbeit an demselben vom Empfänger selbst verrichtet werden muß.

Der Vortrag in der Musik stammt aus jenen freien Höhen, aus welchen die Tonkunst selbst herabstieg. Wo ihr droht, irdisch zu werden, hat er sie zu heben und ihr zu ihrem ursprünglichen „schwebenden" Zustand zu verhelfen.

Die Notation, die Aufschreibung, von Musikstücken ist zuerst ein ingeniöser Behelf, eine Improvisation festzuhalten, um sie wiedererstehen zu lassen. Jene verhält sich aber zu dieser wie das Porträt zum lebendigen Modell. Der Vortragende hat die Starrheit der Zeichen wieder aufzulösen und in Bewegung zu bringen. –

Die Gesetzgeber aber verlangen, daß der Vortragende die Starrheit der Zeichen wiedergebe, und erachten die Wiedergabe für um so vollkommener, je mehr sie sich an die Zeichen hält.

Was der Tonsetzer notgedrungen von seiner Inspiration durch die Zeichen einbüßt[8], das soll der Vortragende durch seine eigene wiederherstellen.

Den Gesetzgebern sind die Zeichen selbst das Wichtigste, sie werden es ihnen mehr und mehr; die neue Tonkunst wird aus den alten Zeichen abgeleitet, – sie bedeuten nun die Tonkunst selbst.

Läge es nun in der Macht der Gesetzgeber, so müßte ein und dasselbe Tonstück stets in ein und demselben Zeitmaß erklingen, sooft, von wem und unter welchen Bedingungen es auch gespielt würde.

Es ist aber nicht möglich, die schwebende expansive Natur des göttlichen Kindes widersetzt sich; sie fordert das Gegenteil. Jeder Tag beginnt anders als der vorige und doch immer mit einer Morgenröte. – Große Künstler spielen ihre eigenen Werke immer wieder verschieden, gestalten sie im Augenblicke um, beschleunigen und halten zurück – wie sie es nicht in Zeichen umsetzen konnten – und immer nach den gegebenen Verhältnissen jener „ewigen Harmonie".

Da wird der Gesetzgeber unwillig und verweist den Schöpfer auf dessen eigene Zeichen. So, wie es heute steht, behält der Gesetzgeber recht.

„Notation" („Skription") bringt mich auf Transkription: gegenwärtig ein recht mißverstandener, fast schimpflicher Begriff. Die häufige Opposition, die ich mit „Transkriptionen" erregte, und die Opposition, die oft unvernünftige Kritik in mir hervorrief, veranlaßten mich zum Versuch, über diesen Punkt Klarheit zu gewinnen. Was ich endgültig darüber denke, ist: Jede Notation ist schon Transkription eines abstrakten Einfalls. Mit dem Augenblick, da die Feder sich seiner bemächtigt, verliert der Gedanke seine Originalgestalt. Die Absicht, den Einfall aufzuschreiben, bedingt schon die Wahl von Taktart und Tonart. Form- und Klangmittel, für welche der Komponist sich entscheiden muß, bestimmen mehr und mehr den Weg und die Grenzen.

Es ist ähnlich wie mit dem Menschen. Nackt und mit noch unbestimmbaren Neigungen geboren, entschließt er sich oder wird er in einem gegebenen Augenblick zum Entschluß getrieben, eine Laufbahn zu wählen. Mag auch vom Einfall oder vom Menschen manches Originale, das unverwüstlich ist, weiterbestehen: sie sind doch von dem Augenblick des Entschlusses an zum Typus einer Klasse herabgedrückt. Der Einfall wird zu einer Sonate oder einem Konzert, der Mensch zum Soldaten oder Priester. Das ist ein Arrangement des Originals. Von dieser ersten zu einer zweiten Transkription ist der Schritt verhältnismäßig kurz und unwichtig. Doch wird im allgemeinen nur von der zweiten Aufhebens gemacht. Dabei übersieht man, daß eine Transkription die Originalfassung nicht zerstört, also ein Verlust dieser durch jene nicht entsteht. –

Auch der Vortrag eines Werkes ist eine Transkription, und auch dieser kann – er mag noch so frei sich gebärden – niemals das Original aus der Welt schaffen.

– Denn das musikalische Kunstwerk steht, vor seinem Ertönen und nachdem es vorübergeklungen, ganz und unversehrt da. Es ist zugleich in und außer der Zeit, und sein Wesen ist es, das uns eine greifbare Vorstellung des sonst ungreifbaren Begriffes von der Idealität der Zeit geben kann.

Im übrigen muten die meisten Klavierkompositionen Beethovens wie Transkriptionen vom Orchester an, die meisten Schumannschen Orchesterwerke wie Übertragungen vom Klavier – und sinds in gewisser Weise auch.

Merkwürdigerweise steht bei den „Buchstabentreuen" die Variationenform in großem Ansehen. Das ist seltsam, weil die Variationenform – wenn sie über ein fremdes Thema aufgebaut ist – eine ganze Reihe von Bearbeitungen gibt, und zwar um so respektloser, je geistreicherer Art sie sind.

So gilt die Bearbeitung nicht, weil sie an dem Original ändert; und es gilt die Veränderung, obwohl sie das Original bearbeitet.[9]

„Musikalisch" ist ein Begriff, der den Deutschen angehört, und die Anwendung des Wortes selbst findet sich in dieser Sinnübertragung in keiner anderen Sprache. Es ist ein Begriff, der den Deutschen angehört und nicht der allgemeinen Kultur, und seine Bezeichnung ist falsch und unübersetzbar. „Musikalisch" ist von Musik hergeleitet, wie

„poetisch" von Poesie und „physikalisch" von Physik. Wenn ich sage: Schubert war einer der musikalischsten Menschen, so ist das dasselbe, als ob ich sagte: Helmholtz war einer der physikalischsten. Musikalisch ist: was in Rhythmen und Intervallen tönt. Ein Schrank kann „musikalisch" sein, wenn er ein „Spielwerk" enthält.[10] Im vergleichenden Sinne kann „musikalisch" allenfalls noch wohllautend bedeuten.

„Meine Verse sind zu musikalisch, als daß sie noch in Musik gesetzt werden könnten," sagte mir einmal ein bekannter Dichter.

> *»Spirits moving musically*
> *To a lutes well-tuned law«*
> („Geister schwebten musikalisch
> zu der Laute wohlgestimmtem Satz")

schreibt E. A. Poe; endlich spricht man ganz richtig von einem „musikalischen Lachen", weil es wie Musik klingt.

In der angewandten und fast ausschließlich gebrauchten deutschen Bedeutung ist ein musikalischer Mensch ein solcher, der dadurch Sinn für Musik bekundet, daß er das Technische dieser Kunst wohl unterscheidet und empfindet. Unter Technischem verstehe ich hier wieder den Rhythmus, die Harmonie, die Intonation, die Stimmführung und die Thematik. Je mehr Feinheiten er darin zu hören oder wiederzugeben versteht, für um so musikalischer wird er gehalten.

Bei dem großen Gewicht, das man auf diese Bestandteile der Tonkunst legt, ist selbstverständlich das „Musikalische" von höchster Bedeutung geworden. – Demnach müßte ein Künstler, der technisch vollkommen spielt, für den meist musikalischen Spieler gelten; weil man aber mit „Technik" nur die mechanische Beherrschung des Instrumentes meint, so hat man „technisch" und „musikalisch" zu Gegensätzen gemacht.

Man ist so weit gegangen, ein Musikstück selbst als „musikalisch" zu bezeichnen[11], oder gar von einem großen Komponisten wie Berlioz zu behaupten, er wäre es nicht in genügendem Maße. „Unmusikalisch" ist der stärkste Tadel; er kennzeichnet den damit Betroffenen und macht ihn zum Geächteten.

In einem Lande wie Italien, wo der Sinn für musikalische Freuden allgemein ist, wird diese Unterscheidung überflüssig, und das Wort dafür ist in der Sprache nicht vorhanden. In Frankreich, wo die Empfindung für Musik nicht im Volke lebt, gibt es Musiker und Nichtmusiker. Von den übrigen einige *»aiment beaucoup la musique«*, oder *»ils ne l'aiment pas«*. Nur in Deutschland macht man eine Ehrensache daraus, „musikalisch" zu sein, das heißt, nicht nur Liebe zur Musik zu empfinden, sondern hauptsächlich sie in ihren technischen Ausdrucksmitteln zu verstehen und deren Gesetze einzuhalten.

Tausend Hände halten das schwebende Kind und bewachen wohlmeinend seine Schritte, daß es nicht auffliege und so vor einem ernstlichen Fall bewahrt bleibe. Aber es ist noch so jung und ist ewig; die Zeit seiner Freiheit wird kommen. Wenn es aufhören wird, „musikalisch" zu sein.

Gefühl ist eine moralische Ehrensache – wie die Ehrlichkeit es ist –, eine Eigenschaft, die niemand sich absprechen läßt – die im Leben gilt wie in der Kunst. Aber wenn im Leben Gefühllosigkeit zugunsten einer brillanteren Charaktereigenschaft – wie beispielsweise Tapferkeit, Unbestechlichkeit – noch verziehen wird, in der Kunst ist sie als oberste moralische Qualität gestellt.

Gefühl (in der Tonkunst) fordert aber zwei Gefährten: Geschmack und Stil. Nun trifft man im Leben ebenso selten auf Geschmack wie auf tiefes und wahres Gefühl, und was den Stil anbelangt, so ist er künstlerisches Gebiet. Was übrigbleibt, ist eine Vorstellung von Gefühl, das mit Rührseligkeit und Geschwollenheit bezeichnet werden muß. Und vor allem verlangt man seine deutliche Sichtbarkeit! Es muß unterstrichen werden, auf daß jeder merke, sehe und höre. Es wird vor den Augen des Publikums in starker Vergrößerung auf die Leinwand projiziert, so daß es aufdringlich und verschwommen vor den Augen tanzt; es wird ausgeschrien, daß es denen, die der Kunst fernstehen, in die Ohren dringe; übergoldet, auf daß es den Unbemittelten Staunen entreiße.

Denn auch im Leben übt man mehr die Äußerungen des Gefühls, in Mienen und Worten; seltener und echter ist jenes Gefühl, welches handelt, ohne zu reden, und am wertvollsten ein Gefühl, das sich verbirgt.

Unter Gefühl versteht man gemeinhin: Zartheit, Schmerzlichkeit und Überschwenglichkeit des Ausdrucks.

Was schließt nicht noch alles in sich die Wunderblume der Empfindung! Zurückhaltung und Schonung, Aufopferung, Stärke, Tätigkeit, Geduld, Großmut, Freudigkeit und jene allwaltende Intelligenz, von welcher das Gefühl recht eigentlich stammt.

Nicht anders in der Kunst, die das Leben widerspiegelt, noch ausgesprochener in der Musik, welche die Empfindungen des Lebens wiederholt: wozu jedoch – wie ich betonte – der Geschmack hinzutreten muß und der Stil; der Stil, der Kunst vom Leben unterscheidet.

Worum der Laie, der mediokre Künstler sich mühen, ist

nur das Gefühl im kleinen, im Detail, auf kurze Strecken.

Gefühl im großen verwechseln Laie, Halbkünstler, Publikum (und leider auch die Kritik!) mit Mangel an Empfindung, weil sie alle nicht vermögen, größere Strecken als Teile eines noch größeren Ganzen zu hören. Also ist Gefühl auch Ökonomie.

Demnach unterscheide ich: Gefühl als Geschmack – als Stil – als Ökonomie. Jedes ein Ganzes und jedes ein Drittel des Ganzen. In ihnen und über ihnen waltet eine subjektive Dreieinigkeit: das Temperament, die Intelligenz und der Instinkt des Gleichgewichtes.

Diese sechs führen einen Reigen von so subtiler Anordnung der Paarung und der Verschlingung, des Tragens und des Getragenwerdens, des Vortretens und Niederbückens, des Bewegens und des Stillstehens, wie kein kunstvollerer erdenkbar ist.

Ist der Akkord der beiden Dreiklänge rein gestimmt, dann darf, soll zum Gefühl sich gesellen die Phantasie: Auf jene sechs gestützt, wird sie nicht ausarten, und aus dem Vereine aller Elemente ersteht die Persönlichkeit. Diese empfängt wie eine Linse die Lichteindrücke, wirft sie auf ihre Weise als Negativ zurück, und dem Hörer erscheint das richtige Bild.

Insoweit der Geschmack an dem Gefühle teilhat, ändert dieses – wie alles – mit den Zeiten seine Ausdrucksformen. Das heißt: eine oder die andere Seite des Gefühls wird zu der einen oder der anderen Zeit bevorzugt, einseitig gepflegt, besonders herausgekehrt.

So war mit und nach Wagner eine schwelgerische

Sinnlichkeit an die Reihe gekommen: die Form der „Steigerung" im Affekt haben die Komponisten noch heute nicht überwunden. Jedem ruhigen Beginnen folgte ein rasches Aufwärtstreiben. Der darin unersättliche, aber nicht unerschöpfliche Wagner verfiel notgedrungen auf den Ausweg, nach einem erreichten Höhepunkte wieder leise anzusetzen, um sofort von neuem anzuwachsen.

Die neueren Franzosen zeigen eine Umkehr: ihr Gefühl ist eine reflexive Keuschheit, vielleicht mehr noch eine zurückgehaltene Sinnlichkeit: den bergigen aufsteigenden Pfaden Wagners sind monotone Ebenen von dämmernder Gleichmäßigkeit gefolgt.

So bildet sich im Gefühl der „Stil", wenn der Geschmack es leitet.

Die „Apostel der Neunten Symphonie" ersannen in der Musik den Begriff der Tiefe. Er steht noch in vollem Werte, zumal im germanischen Land. – Es gibt eine Tiefe des Gefühls und eine Tiefe des Gedankens: – die letztere ist literarisch und kann keine Anwendung auf Klänge haben.

Die Tiefe des Gefühls ist hingegen seelisch und der Natur der Musik durchaus zugehörig.

Die Apostel der Neunten Symphonie haben von der Tiefe in der Musik eine besondere und nicht ganz festumrissene Schätzung.

Die Tiefe wird zur Breite, und man trachtet, sie durch Schwere zu erreichen: sie zeigt sich sodann – durch Gedankenassoziation – in der Bevorzugung der „tiefen" Register und (wie ich beobachten konnte) auch in einem Hineindeuten eines zweiten, verborgenen Sinnes, meist eines literarischen.

Wenn auch nicht die einzigen Merkmale, so sind doch diese die bedeutsameren.

Unter Tiefe des Gefühls dürfte jedoch jeder Freund der Philosophie das Erschöpfende im Gefühle betrachten: das volle Aufgehen in einer Stimmung.

Wer mitten in einer echten, großen karnevalischen Situation griesgrämig oder auch nur indifferent herumschleicht, wer nicht von der gewaltigen Selbstsatire des Masken- und Fratzentums, der Macht der Unbändigkeit über die Gesetze, dem freigelassenen Rachegefühl des Witzes mitgerissen und mitergriffen wird, der zeigt sich unfähig, sein Gefühl in die Tiefe zu senken.

Hier bestätigt es sich wieder, daß die Tiefe des Gefühls in dem vollständigen Erfassen einer jeden – selbst der leichtfertigsten – Stimmung ihre Wurzeln hat, – im Wiedergeben ihre Blüten treibt: wohingegen die gangbare Vorstellung vom tiefen Gefühle nur eine Seite des Gefühls im Menschen herausgreift und diese spezialisiert.

In dem sogenannten „Champagnerlied" aus Don Giovanni liegt mehr „Tiefe" als in manchem Trauermarsche oder Notturno: Tiefe des Gefühls äußert sich auch darin, daß man es nicht an Nebensächlichem und Unbedeutendem vergeude.

Der Schaffende sollte kein überliefertes Gesetz auf Treu und Glauben hinnehmen und sein eigenes Schaffen jenem gegenüber von vornherein als Ausnahme betrachten. Er müßte für seinen eigenen Fall ein entsprechendes eigenes Gesetz suchen, formen und es nach der ersten vollkommenen Anwendung wieder zerstören, um nicht selbst bei einem nächsten Werke in Wiederholungen zu verfallen.

Die Aufgabe des Schaffenden besteht darin, Gesetze aufzustellen, und nicht, Gesetzen zu folgen. Wer gegebenen Gesetzen folgt, hört auf, ein Schaffender zu sein.[12]

Die Schaffenskraft ist um so erkennbarer, je unabhängiger sie von Überlieferungen sich zu machen vermag. Aber die Absichtlichkeit im Umgehen der Gesetze kann nicht Schaffenskraft vortäuschen, noch weniger erzeugen.

Der echte Schaffende erstrebt im Grunde nur die Vollendung. Und indem er diese mit seiner Individualität in Einklang bringt, entsteht absichtslos ein neues Gesetz.

Routine wird sehr geschätzt und oft verlangt; im Musik-„amte" wird sie beansprucht. Daß Routine in der Musik überhaupt existieren und daß sie überdies zu einer vom Musiker geforderten Bedingung gemacht werden kann, beweist aber wiederum die engen Grenzen unserer Tonkunst. Routine bedeutet: Erlangung und Anwendung weniger Erfahrungen und Kunstgriffe auf alle vorkommenden Fälle. Demnach muß es eine erstaunliche Anzahl verwandter Fälle geben. Nun erträume ich mir gern eine Art Kunstausübung, bei welcher jeder Fall ein neuer, eine Ausnahme wäre! Wie stünde das Heer der Praktiker hilf- und tatenlos davor: es müßte schließlich den Rückzug antreten und verschwinden. Die Routine wandelt den Tempel der Kunst um in eine Fabrik. Sie zerstört das Schaffen. Denn Schaffen heißt: aus Nichts erzeugen. Die Routine aber gedeiht im Nachbilden. Sie ist die „Poesie, die sich kommandieren läßt". Weil sie der Allgemeinheit entspricht, herrscht sie. Im Theater, im Orchester, im Virtuosen, im Unterricht. Man möchte rufen: meidet die Routine, beginnt jedesmal, als ob ihr nie begonnen hättet, wisset nichts, sondern denkt und fühlet!

Denn seht, die Millionen Weisen, die einst ertönen werden, sie sind seit Anfang vorhanden, bereit, schweben im Äther und mit ihnen andere Millionen, die niemals gehört werden. Ihr braucht nur zu greifen, und ihr haltet eine Blüte, einen Hauch des Meeresatems, einen Sonnenstrahl in der Hand; meidet die Routine, denn sie greift nur nach dem, das eure Stube erfüllt, und immer wieder nach dem nämlichen: so bequem werdet ihr, daß ihr euch kaum mehr vom Lehnstuhl erhebt und nur mehr nach dem Allernächsten greift. Und Millionen Weisen sind seit Anfang vorhanden und warten darauf, sich zu offenbaren!

„Das ist mein Unglück, daß ich keine Routine habe," schreibt einmal Wagner an Liszt, als es mit der Komposition des „Tristan" nicht vorwärts wollte.

Damit täuschte sich Wagner und maskierte sich vor anderen. Er hatte zuviel Routine, und seine Kompositionsmaschinerie blieb stecken, sobald der Knoten in ihr entstand, der nur mit Inspiration zu lösen war. Zwar löste Wagner ihn schließlich, wenn es ihm gelang, die Routine beiseite zu lassen; hätte er aber wirklich keine besessen, so hätte er es ohne Bitterkeit behauptet.

Immerhin drückt sich in dem Wagnerschen Briefsatz die richtige künstlerische Verachtung für die Routine aus, insofern als er diese ihn niedrig dünkende Eigenschaft sich selbst abspricht und vorbeugt, daß andere sie ihm zuerkennen. Er lobt sich selbst damit und gebärdet sich ironisch-verzweifelt. Er ist tatsächlich unglücklich, daß die

Komposition stockt, tröstet sich aber reichlich mit dem Bewußtsein, daß sein Genie über der billigen Handhabung der Routine steht; zugleich kehrt er den Bescheidenen hervor, indem er schmerzlich eingesteht, eine allgemein geschätzte und dem Handwerk zugehörige Könnerschaft nicht sich angeeignet zu haben.

Der Satz ist ein Meisterstück der instinktiven Schlauheit des Erhaltungstriebes – beweist uns aber (und das ist unser Ziel) die Geringheit der Routine im Schaffen.

So eng geworden ist unser Tonkreis, so stereotyp seine Ausdrucksform, daß es zurzeit nicht ein bekanntes Motiv gibt, auf das nicht ein anderes bekanntes Motiv paßte, so daß es zu gleicher Zeit mit dem ersten gespielt werden könnte. Um nicht mich hier in Spielereien zu verlieren[13], enthalte ich mich jedes Beispiels.

Plötzlich, eines Tages, schien es mir klar geworden: daß die Entfaltung der Tonkunst an unseren Musikinstrumenten scheitert. Die Entfaltung des Komponisten an dem Studium der Partituren. Wenn „Schaffen", wie ich es definierte, ein „Formen aus dem Nichts" bedeuten soll (und es kann nichts anderes bedeuten); – wenn Musik – (dieses habe ich ebenfalls ausgesprochen) – zur „Originalität", nämlich zu ihrem eigenen reinen Wesen zurückstreben soll (ein „Zurück", das das eigentliche „Vorwärts" sein muß); – wenn sie Konventionen und Formeln wie ein verbrauchtes Gewand ablegen und in schöner Nacktheit prangen soll; – diesem Drange stehen die musikalischen Werkzeuge zunächst im Wege. Die Instrumente sind an ihren Umfang, ihre Klangart und ihre Ausführungsmöglichkeiten festgekettet, und ihre hundert Ketten müssen den Schaffenwollenden mitfesseln.

Vergeblich wird jeder freie Flugversuch des Komponisten sein; in den allerneuesten Partituren und noch in solchen der nächsten Zukunft werden wir immer wieder auf die Eigentümlichkeiten der Klarinetten, Posaunen und Geigen stoßen, die eben nicht anders sich gebärden können, als es in ihrer Beschränkung liegt[14]; dazu gesellt sich die Manieriertheit der Instrumentalisten in der Behandlung ihres Instrumentes; der vibrierende Überschwang des Violoncells, der zögernde Ansatz des Hornes, die befangene Kurzatmigkeit der Oboe, die prahlhafte Geläufigkeit der Klarinette; derart, daß in einem neuen und selbständigeren Werke notgedrungen immer wieder dasselbe Klangbild sich zusammenformt und daß der unabhängigste Komponist in all dieses Unabänderliche hinein- und hinabgezogen wird.

Vielleicht, daß noch nicht alle Möglichkeiten innerhalb dieser Grenzen ausgebeutet wurden – die polyphone Harmonik dürfte noch manches Klangphänomen erzeugen können –, aber die Erschöpftheit wartet sicher am Ende einer Bahn, deren längste Strecke bereits zurückgelegt ist. Wohin wenden wir dann unseren Blick, nach welcher Richtung führt der nächste Schritt?

Ich meine, zum abstrakten Klange, zur hindernislosen Technik, zur tonlichen Unabgegrenztheit. Dahin müssen alle Bemühungen zielen, daß ein neuer Anfang jungfräulich erstehe.

Der zum Schaffen Geborene wird zuerst die negative, die verantwortlich-große Aufgabe haben, von allem Gelernten, Gehörten und Scheinbar-Musikalischen sich zu befreien; um, nach der vollendeten Räumung, eine inbrünstig-aszetische Gesammeltheit in sich zu beschwören, die ihn befähigt, den inneren Klang zu erlauschen und zur weiteren Stufe zu gelangen, diesen auch den Menschen mitzuteilen. Diesen Giotto eines musikalischen Rinascimento wird die

Weihe der legendarischen Persönlichkeit krönen. Der ersten Offenbarung wird sodann eine Epoche religiöser Musikgeschäftigkeit folgen, daran kein Zunftwesen ein Teil haben kann, insofern als die Berufenen und Eingeweihten unverkennbar, und nur diese die Vollbringenden sein werden. An diesem Zeitpunkt leuchtet die vollste Blüte, vielleicht die erste in der Musikgeschichte der Menschheit. Ich sehe auch, wie die Dekadenz beginnt und die reinen Begriffe sich verwirren und wie der Orden entweiht wird ...

Es ist das Schicksal der Späteren, und wir – heute – sind ihnen ähnlich, wie die Kindheit dem Greisenalter.

Was in unserer heutigen Tonkunst ihrem Urwesen am nächsten rückt, sind die Pause und die Fermate. Große Vortragskünstler, Improvisatoren, wissen auch dieses Ausdruckswerkzeug im höheren und ausgiebigeren Maße zu verwerten. Die spannende Stille zwischen zwei Sätzen, in dieser Umgebung selbst Musik, läßt weiter ahnen, als der bestimmtere, aber deshalb weniger dehnbare Laut vermag.

„Zeichen" sind es auch, und nichts anderes, was wir heute unser „Tonsystem" nennen. Ein ingeniöser Behelf, etwas von jener ewigen Harmonie festzuhalten; eine kümmerliche Taschenausgabe jenes enzyklopädischen Werkes; künstliches Licht anstatt Sonne. – Habt ihr bemerkt, wie die Menschen über die glänzende Beleuchtung eines Saales den Mund aufsperren? Sie tun es niemals über den millionenmal stärkeren Mittagssonnenschein. –

Und auch hier sind die Zeichen bedeutsamer geworden als das, was sie bedeuten sollen und nur andeuten können.

Wie wichtig ist doch die „Terz", die „Quinte" und die „Oktave". Wie streng unterscheiden wir „Konsonanzen" und „Dissonanzen" – da, wo es überhaupt Dissonanzen nicht geben kann!

Wir haben die Oktave in zwölf gleich voneinander entfernte Stufen abgeteilt, weil wir uns irgendwie behelfen mußten, und haben unsere Instrumente so eingerichtet, daß wir niemals darüber oder darunter oder dazwischen gelangen können. Namentlich die Tasteninstrumente haben unser Ohr gründlich eingeschult, so daß wir nicht mehr fähig sind, anderes zu hören – als nur im Sinne der Unreinheit. Und die Natur schuf eine unendliche Abstufung – unendlich! wer weiß es heute noch?[15]

Und innerhalb dieser zwölfteiligen Oktave haben wir noch eine Folge bestimmter Abstände abgesteckt, sieben an der Zahl, und darauf unsere ganze Tonkunst gestellt. Was sagte ich, eine Folge? Zwei solche Folgen, die Dur- und Moll-Skala. Wenn wir dieselbe Folge von Abständen von einer anderen der zwölf Zwischenstufen aus ansetzen, so gibt es eine neue Tonart, und sogar eine fremde! Was für ein gewaltsam beschränktes System diese erste Verworrenheit ergab[16], steht in den Gesetzbüchern zu lesen: wir wollen es nicht hier wiederholen.

Wir lehren vierundzwanzig Tonarten, zwölfmal die beiden Siebenfolgen, aber wir verfügen in der Tat nur über zwei: die Dur-Tonart und die Moll-Tonart. Die anderen sind nur Transpositionen. Man will durch die einzelnen Transpositionen einen verschiedenen Charakter entstehen hören: aber das ist Täuschung. In England, wo die hohe Stimmung herrscht, werden die bekanntesten Werke um einen halben Ton höher gespielt, als sie notiert sind, ohne daß ihre Wirkung verändert wird. Sänger transponieren zu ihrer Bequemlichkeit ihre Arie und lassen, was dieser vorausgeht und folgt, untransponiert spielen.

Liederkomponisten geben ihre eigenen Werke nicht selten in drei verschiedenen Höhen der Notation heraus; die Stücke bleiben in allen drei Ausgaben vollkommen die nämlichen.

Wenn ein bekanntes Gesicht aus dem Fenster sieht, so gilt es gleich, ob es vom ersten oder vom dritten Stockwerk herabschaut.

Könnte man eine Gegend, soweit das Auge reicht, um mehrere hundert Meter erhöhen oder vertiefen, das landschaftliche Bild würde dadurch nichts verlieren noch gewinnen.

Auf die beiden Siebenfolgen, die Dur-Tonart und die Moll-Tonart, hat man die ganze Tonkunst gestellt – eine Einschränkung fordert die andere.

Man hat jeder der beiden einen bestimmten Charakter zugesprochen, man hat gelernt und gelehrt, sie als Gegensätze zu hören, und allmählich haben sie die Bedeutung von Symbolen erreicht – Dur und Moll – *Maggiore e Minore* – Befriedigung und Unbefriedigung – Freude und Trauer – Licht und Schatten. Die harmonischen Symbole haben den Ausdruck der Musik, von Bach bis Wagner und weiter noch bis heute und übermorgen, abgezäunt.[17] Moll wird in derselben Absicht gebraucht und übt dieselbe Wirkung auf uns aus, heute wie vor zweihundert Jahren. Einen Trauermarsch kann man heute nicht mehr „komponieren", denn er ist ein für allemal schon vorhanden. Selbst der ungebildetste Laie weiß, was ihn erwartet, sobald ein Trauermarsch – irgendwelcher! – ertönen soll. Selbst der Laie fühlt den Unterschied zwischen einer Dur- und Moll-Sinfonie voraus.

Seltsam, daß man Dur und Moll als Gegensätze empfindet. Tragen sie doch beide dasselbe Gesicht; jeweilig heiterer und ernster; und ein kleiner Pinselstrich genügt, eines in das andere zu kehren. Der Übergang vom einen zum zweiten ist unmerklich und mühelos – geschieht er oft und rasch, so beginnen die beiden unerkenntlich ineinander zu flimmern. – Erkennen wir aber, daß Dur und Moll ein doppeldeutiges Ganzes und daß die „vierundzwanzig Tonarten" nur eine elfmalige Transposition jener ersten zwei sind, so gelangen wir ungezwungen zum Bewußtsein der Einheit unseres Tonartensystems. Die Begriffe von verwandt und fremd fallen ab – und damit die ganze verwickelte Theorie von Graden und Verhältnissen. Wir haben eine einzige Tonart. Aber sie ist sehr dürftiger Art.

„Einheit der Tonart."

– „Sie meinen wohl ‚Tonart' und ‚Tonarten' sind der Sonnenstrahl und seine Zerlegung in Farben?"

Nein, nicht das kann ich meinen. Denn unser ganzes Ton-, Tonart- und Tonartensystem ist in seiner Gesamtheit selbst nur der Teil eines Bruchteils eines zerlegten Strahls jener Sonne „Musik" am Himmel der „ewigen Harmonie".

So sehr die Anhänglichkeit an Gewohntes und Trägheit in des Menschen Weise und Wesen liegen – so sehr sind Energie und Opposition gegen Bestehendes die Eigenschaften alles Lebendigen. Die Natur hat ihre Kniffe

36

und überführt die Menschen, die gegen Fortschritt und Änderungen widerspenstigen Menschen; die Natur schreitet beständig fort und ändert unablässig, aber in so gleichmäßiger und unwahrnehmbarer Bewegung, daß die Menschen nur Stillstand sehen. Erst der weitere Rückblick zeigt ihnen das Überraschende, daß sie die Getäuschten waren.

Deshalb erregt der „Reformator" Ärgernis bei den Menschen aller Zeiten, weil seine Änderungen zu unvermittelt und vor allem, weil sie wahrnehmbar sind. Der Reformator ist – im Vergleich zur Natur – undiplomatisch, und es ist ganz folgerichtig, daß seine Änderungen erst dann Gültigkeit erlangen, wenn die Zeit den eigenmächtig vollführten Sprung wieder auf ihre feine unmerkliche Weise eingeholt hat. Doch gibt es Fälle, wo der Reformator mit der Zeit gleichen Schritt ging, indessen die übrigen zurückblieben. Und da muß man sie zwingen und dazu peitschen, den Sprung über die versäumte Strecke zu springen. Ich glaube, daß die Dur- und Moll-Tonart und ihr Transpositionsverhältnis, daß das „Zwölfhalbtonsystem" einen solchen Fall von Zurückgebliebenheit darstellen.

Daß schon einige empfunden haben, wie die Intervalle der Siebenfolge noch anders geordnet (graduiert) werden können, ist in vereinzelten Momenten bereits bei Liszt und in der heutigen musikalischen Vorwärtsbewegung ausgesprochener zur Erscheinung gekommen. Der Drang und die Sehnsucht und der begabte Instinkt sprechen daraus. Doch scheints mir nicht, daß eine bewußte und geordnete Vorstellung dieser erhöhten Ausdrucksmittel sich geformt habe.

Ich habe den Versuch gemacht, alle Möglichkeiten der Abstufung der Siebenfolge zu gewinnen, und es gelang mir, durch Erniedrigung und Erhöhung der Intervalle 113 verschiedene Skalen festzustellen. Diese 113 Skalen (innerhalb der Oktave C–C) begreifen den größten Teil der bekannten „24 Tonarten", außerdem aber eine Reihe neuer Tonarten von eigenartigem Charakter. Damit ist aber der Schatz nicht erschöpft, denn die „Transposition" jeder einzelnen dieser 113 steht uns ebenfalls noch offen und überdies die Vermischung zweier (und weshalb nicht mehrerer?) solcher Tonarten in Harmonie und Melodie.

Die Skala c des es fes ges as b c klingt schon bedeutend anders als die des-Moll-Tonleiter, wenn man c als ihren Grundton annimmt. Legt man ihr noch den gewöhnlichen C-Dur-Dreiklang als Harmonie unter, so ergibt sich eine neue harmonische Empfindung. Man höre aber dieselbe Tonleiter abwechselnd, vom A-Moll-, Es-Dur- und C-Dur-Dreiklang gestützt, und man wird sich der angenehmsten Überraschung über den fremdartigen Wohllaut nicht erwehren können.

Wohin aber würde ein Gesetzgeber die Tonfolgen c des es fes g a h c | c des es f ges a h c | c d es fes ges a h c | c des e f ges a b c | oder gar: c d es fes g ais h c | c d es fes gis a h c | c des es fis gis a b c einreihen mögen?

Welche Reichtümer sich damit für den melodischen und harmonischen Ausdruck dem Ohr öffnen, ist nicht sogleich zu übersehen; eine Menge neuer Möglichkeiten ist aber zweifellos anzunehmen und auf den ersten Blick erkennbar.

Mit dieser Darstellung dürfte die Einheit aller Tonarten endgültig ausgesprochen und begründet sein. Kaleidoskopisches Durcheinanderschütteln von zwölf Halbtönen in der Dreispiegelkammer des Geschmacks, der Empfindung und der Intention: das Wesen der heutigen

Harmonie.

Der heutigen Harmonie und nicht mehr auf lange: denn alles verkündet eine Umwälzung und einen nächsten Schritt zu jener „ewigen". Vergegenwärtigen wir uns noch einmal, daß in ihr die Abstufung der Oktave unendlich ist, und trachten wir, der Unendlichkeit um ein weniges uns zu nähern. Der Drittelton pocht schon seit einiger Zeit an die Pforte, und wir überhören noch immer seine Meldung. Wer, wie ich es getan, damit, wenn auch bescheiden, experimentierte und – sei es mit der Kehle oder auf einer Geige – zwischen einem Ganzton zwei gleichmäßig abstehende Zwischentöne einschaltete, das Ohr und das Treffen übte, der wird zur Einsicht gelangt sein, daß Dritteltöne vollkommen selbständige Intervalle von ausgeprägtem Charakter sind, mit verstimmten Halbtönen nicht zu verwechseln. Es ist eine verfeinerte Chromatik, die uns vorläufig auf der ganztönigen Skala zu basieren scheint. Führten wir dieselbe unvermittelt ein, so verleugneten wir die Halbtöne, verlören die „kleine Terz" und die „reine Quinte", und dieser Verlust würde stärker empfunden als der relative Gewinn eines „Achtzehndritteltonsystems".

Es ist aber kein Grund ersichtlich, seinetwegen mit den Halbtönen aufzuräumen. Behalten wir zu jedem Ganzton einen Halbton, so erhalten wir eine zweite Reihe von Ganztönen, die um einen halben Ton höher steht als die erste. Teilen wir diese zweite Reihe von Ganztönen in Drittelteile ein, dann ergibt sich zu jedem Drittelton der unteren Reihe ein entsprechender Halbton in der oberen.

Somit ist eigentlich ein Sechsteltonsystem entstanden, und daß auch Sechsteltöne einstmals reden werden, darauf können wir vertrauen. Das Tonsystem, das ich eben entwerfe, soll aber vorerst das Gehör mit Dritteltönen füllen, ohne auf die Halbtöne zu verzichten.

c | cis | des | d | dis | es | e | eis | fes | f | fis | ges | g | gis | as | a | ais | ces

C | Cis | Des | D | Dis | Es | E | Eis | Fes | F | Fis | Ges | G | Gis | As | A | Ais | Ces

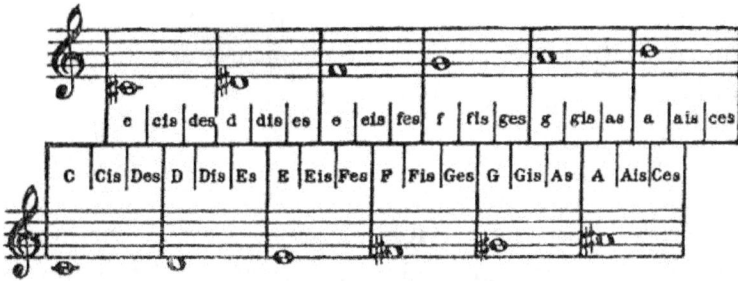

Um es zusammenzufassen: Wir stellen entweder zwei Reihen Dritteltöne, voneinander um einen halben Ton entfernt, auf; oder: dreimal die übliche Zwölfhalbtonreihe im Abstande von je einem Drittelton.

Nennen wir, um sie irgendwie zu unterscheiden, den ersten Ton C und die beiden nächsten Dritteltöne Cis und Des; den ersten Halbton (klein-)c und seine folgenden Dritteile cis und des; – die vorhergehende Tabelle erklärt alles Fehlende.

Die Frage der Notation halte ich für nebensächlich. Wichtig und drohend ist dagegen die Frage, wie und worauf diese Töne zu erzeugen sind. Es trifft sich glücklich, daß ich während der Arbeit an diesem Aufsatz eine direkte und authentische Nachricht aus Amerika erhalte, welche die Frage in einfacher Weise löst. Es ist die Mitteilung von Dr. Thaddeus Cahills Erfindung.[18] Dieser Mann hat einen umfangreichen Apparat konstruiert, welcher es ermöglicht, einen elektrischen Strom in eine genau berechnete, unalterable Anzahl Schwingungen zu verwandeln. Da die Tonhöhe von der Zahl der Schwingungen abhängt und der Apparat auf jede gewünschte Zahl zu „stellen" ist, so ist durch diesen die unendliche Abstufung der Oktave einfach das Werk eines Hebels, der mit dem Zeiger eines Quadranten korrespondiert.

Nur ein gewissenhaftes und langes Experimentieren, eine fortgesetzte Erziehung des Ohres, werden dieses ungewohnte Material einer heranwachsenden Generation und der Kunst gefügig machen.

Welch schöne Hoffnungen und traumhafte Vorstellungen erwachen für sie! Wer hat nicht schon im Traume „geschwebt"? Und fest geglaubt, daß er den Traum erlebe? – Nehmen wir es uns doch vor, die Musik ihrem Urwesen zurückzuführen; befreien wir sie von architektonischen, akustischen und ästhetischen Dogmen; lassen wir sie reine Erfindung und Empfindung sein, in Harmonien, in Formen und Klangfarben (denn Erfindung und Empfindung sind nicht allein ein Vorrecht der Melodie); lassen wir sie der Linie des Regenbogens folgen und mit den Wolken um die Wette Sonnenstrahlen brechen; sie sei nichts anderes als die Natur in der menschlichen Seele abgespiegelt und von ihr wieder zurückgestrahlt; ist sie doch tönende Luft und über die Luft hinausreichend; im Menschen selbst ebenso universell und vollständig wie im Weltenraum; denn sie kann sich zusammenballen und auseinanderfließen, ohne an Intensität nachzulassen.

In seinem Buche „Jenseits von Gut und Böse" sagt Nietzsche:

„Gegen die deutsche Musik halte ich mancherlei Vorsicht für geboten. Gesetzt, daß man den Süden liebt, wie ich ihn liebe, als eine große Schule der Genesung, im Geistigsten und Sinnlichsten, als eine unbändige Sonnenfülle und Sonnenverklärung, welche sich über ein selbstherrliches, an sich glaubendes Dasein breitet:

nun, ein solcher wird sich etwas vor der deutschen Musik in acht nehmen lernen, weil sie, indem sie seinen Geschmack zurückverdirbt, ihm die Gesundheit mit zurückverdirbt.

Ein solcher Südländer, nicht der Abkunft, sondern dem Glauben nach, muß, falls er von der Zukunft der Musik träumt, auch von einer Erlösung der Musik vom Norden träumen und das Vorspiel einer tieferen, mächtigeren, vielleicht böseren und geheimnisvolleren Musik in seinen Ohren haben, einer überdeutschen Musik, welche vor dem Anblick des blauen, wollüstigen Meeres und der mittelländischen Himmelshelle nicht verklingt, vergilbt, verblaßt, wie es alle deutsche Musik tut, einer übereuropäischen Musik, die noch vor den braunen Sonnenuntergängen der Wüste recht behält, deren Seele mit der Palme verwandt ist und unter großen, schönen, einsamen Raubtieren heimisch zu sein und zu schweifen versteht. – –

Ich könnte mir eine Musik denken, deren seltenster Zauber darin bestände, daß sie von Gut und Böse[19] nichts mehr wüßte, nur daß vielleicht irgendein Schifferheimweh, irgendwelche goldne Schatten und zärtliche Schwächen hier und da über sie hinwegliefen: eine Kunst, welche von großer Ferne her die Farben einer untergehenden, fast unverständlich gewordenen moralischen Welt zu sich flüchten sähe, und die gastfreundlich und tief genug zum Empfang solcher späten Flüchtlinge wäre ..."

Und Tolstoi läßt einen landschaftlichen Eindruck zu Musikempfindung werden, wenn er in „Luzern" schreibt:

„Weder auf dem See, noch an den Bergen, noch am Himmel eine einzige gerade Linie, eine einzige ungemischte Farbe, ein einziger Ruhepunkt – überall Bewegung, Unregelmäßigkeit, Willkür, Mannigfaltigkeit, unaufhörliches Ineinanderfließen von Schatten und Linien, und in allem die Ruhe, Weichheit, Harmonie und Notwendigkeit des Schönen."

Wird diese Musik jemals erreicht?

„Nicht alle erreichen das Nirwana; aber jener, der von Anfang an begabt, alles kennenlernt, was man kennen soll, alles durchlebt, was man durchleben soll, verläßt, was man verlassen soll, entwickelt, was man entwickeln soll, verwirklicht, was man verwirklichen soll, der gelangt zum Nirwana."[20] (Kern, „Geschichte des Buddhismus in Indien").

Ist Nirwana das Reich „Jenseits von Gut und Böse", so ist hier ein Weg dahin gewiesen. Bis an die Pforte. Bis an das Gitter, das Menschen und Ewigkeit trennt – oder das sich auftut, das zeitlich Gewesene einzulassen. Jenseits der Pforte ertönt Musik. Keine Tonkunst.[21] – Vielleicht, daß wir erst selbst die Erde verlassen müssen, um sie zu vernehmen. Doch nur dem Wanderer, der der irdischen Fesseln unterwegs sich zu entkleiden gewußt, öffnet sich das Gitter. –

Druck der Piererschen Hofbuchdruckerei in Altenburg.

[1] Dessenungeachtet können und werden an ihnen Geschmack und Eigenart sich immer wieder verjüngen und erneuern.

[2] „Tradition" ist die nach dem Leben abgenommene Gipsmaske, die – durch den Lauf vieler Jahre und die Hände ungezählter Handwerker gegangen – schließlich ihre Ähnlichkeit mit dem Original nur mehr erraten läßt.

[3] Seine Passions-Rezitative haben das „Menschlich-Redende", n i c h t „Richtig-Deklamierte".

[4] Als die charakteristischen Merkmale von Beethovens Persönlichkeit möchte ich nennen: den dichterischen Schwung, die starke menschliche Empfindung (aus welcher seine revolutionäre Gesinnung entspringt) und eine Vorverkündung des modernen Nervosismus. Diese Merkmale sind gewiß jenen eines „Klassikers" entgegengesetzt. Zudem ist Beethoven kein „Meister" im Sinne Mozarts oder des späteren Wagner, eben weil seine Kunst die Andeutung einer größeren, noch nicht vollkommen gewordenen, ist. (Man vergleiche den nächstfolgenden Absatz.)

[5] »– – – Beethoven, dont les esquisses thématiques ou élémentaires sont innombrables, mais qui, sitôt les thèmes trouvés, semble par cela même en avoir établi tout le développement –«

Vincent d'Indy in „César Franck".

[6] Vergleiche später die Sätze über die „Tiefe".

[7] Aus Offenbachs »Les contes d'Hoffmann«.

[8] Wie sehr die Notation den Stil in der Musik beeinflußt, die Phantasie fesselt, wie aus ihr die „Form" sich bildete und aus der Form der „Konventionalismus" des Ausdrucks entstand, das zeigt sich recht eindringlich, das rächt sich in tragischer Weise an E. T. A. Hoffmann, der mir hier als ein typisches Beispiel einfällt.

Dieses merkwürdigen Mannes Gehirnvorstellungen, die sich in das Traumhafte verloren und im Transzendentalen schwelgten, wie seine Schriften in oft unnachahmlicher Weise dartun, hätten – so würde man folgern – in der an sich traumhaften und transzendentalen Kunst der Töne erst recht die geeignete Sprache und Wirkung finden müssen. Die Schleier der Mystik, das innere Klingen der Natur, die Schauer des Übernatürlichen, die dämmerigen Unbestimmtheiten der schlafwachenden Bilder – alles, was er mit dem präzisen Wort schon so eindrucksvoll schilderte, das hätte er – man sollte denken – durch die Musik erst völlig lebendig erstehen lassen. Man vergleiche dagegen Hoffmanns bestes musikalisches Werk mit der schwächsten seiner literarischen Produktionen, und man wird mit Trauer wahrnehmen, wie ein übernommenes System von Taktarten, Perioden und Tonarten – zu dem noch der landläufige Opernstil der Zeit das Seinige tut – aus dem Dichter einen Philister machen konnte. – Wie aber ein anderes Ideal der Musik ihm vorschwebte, entnehmen wir aus vielen und oft ausgezeichneten Bemerkungen des Schriftstellers selbst. Von ihnen schließt die folgende der Denkungsart dieses Büchleins am engsten sich an:

„Nun! immer weiter fort und fort treibt der waltende Weltgeist; nie kehren die verschwundenen Gestalten, so wie sie sich in der Lust des Lebens bewegten, wieder: aber ewig, unvergänglich ist das Wahrhaftige, und eine wunderbare Geistergemeinschaft schmiegt ihr geheimnisvolles Band um Vergangenheit, Gegenwart

47

und Zukunft. Noch leben geistig die alten hohen Meister; nicht verklungen sind ihre Gesänge: nur nicht vernommen wurden sie im brausenden, tosenden Geräusch des ausgelassenen wilden Treibens, das über uns einbrach. Mag die Zeit der Erfüllung unseres Hoffens nicht mehr fern sein, mag ein frommes Leben in Friede und Freudigkeit beginnen und die Musik frei und kräftig ihre Seraphschwingen regen, um aufs neue den Flug zu dem Jenseits zu beginnen, das ihre Heimat ist und von welchem Trost und Heil in die unruhvolle Brust des Menschen hinabstrahlt."

(E. T. A. Hoffmann, „Die Serapionsbrüder".)

[9] Eine Einleitung des Verfassers zu einem Berliner Konzerte vom November 1910 enthielt u. a. die folgenden Sätze: „Um das Wesen der ‚Bearbeitung' mit einem entscheidenden Schlage in der Schätzung des Lesers zu künstlerischer Würde zu erhöhen, bedarf es nur der Nennung Johann Sebastian Bachs. Er war einer der fruchtbarsten Bearbeiter eigener und fremder Stücke, namentlich als Organist. Von ihm lernte ich die Wahrheit erkennen, daß eine gute, große, eine universelle Musik dieselbe Musik bleibt, durch welche Mittel sie auch ertönen mag. Aber auch die andere Wahrheit: daß verschiedene Mittel eine verschiedene – ihnen eigene – Sprache haben, in der sie den nämlichen Gehalt in immer neuer Deutung verkünden." – „Es kann der Mensch nicht schaffen, nur verarbeiten, was er auf seiner Erde vorfindet." Man bedenke überdies, daß jede Vorstellung einer Oper auf dem Theater, durch Absicht teils und teils durch die Zufälle, die so zahlreiche mitwirkende Elemente hineintragen, zu einer Bearbeitung wird und werden muß. Noch nie erlebte ich von der Bühne aus einen Mozartschen „Don Giovanni", der dem anderen geglichen hätte. Der Regisseur scheint hier – wie auch bei der „Zauberflöte" – seinen Ehrgeiz darin zu finden, die Szenen (und innerhalb

der Szenen die Vorgänge) immer wieder zu variieren und umzustellen. Auch hörte ich (leider) niemals, daß die Kritik gegen die Übersetzung des Don Giovanni ins Deutsche sich gewehrt hätte; wenngleich eine Übersetzung überhaupt (bei diesem Meisterwerk des Zusammengusses von Text und Musik nun besonders) als eine der bedenklichsten Bearbeitungen sich herausstellt.

[10] Die einzige Art Menschen, die man musikalisch nennen sollte, wären die Sänger, weil sie selbst erklingen können. In derselben Weise könnte ein Clown, der durch einen Trick Töne von sich gibt, sobald man ihn berührt, ein nachgemachter musikalischer Mensch heißen.

[11] „Diese Kompositionen sind aber so musikalisch", sagte mir einmal ein Geiger von einem vierhändigen Werkchen, das ich zu unbedeutend fand.

[12] Der einem nachgeht, überholt ihn nicht, soll Michelangelo gesagt haben. Und über die nützliche Anwendung der „Kopien" äußert sich noch viel drastischer ein italienischer Spruch.

[13] Eine solche Spielerei unternahm ich einmal mit einem Freunde, um scherzeshalber festzustellen, wie viele von den verbreiteten Musikstücken nach dem Schema des zweiten Themas im Adagio der Neunten Symphonie gebildet waren. In wenigen Augenblicken hatten wir an fünfzehn Analogien der verschiedensten Gattung beisammen, darunter welche niederster Kunst. Und Beethoven selbst. Ist das Thema des Finale der „fünften" ein anderes als jenes, womit die „zweite" ihr Allegro ansagt? Und als das Hauptmotiv des dritten Klavierkonzerts, diesmal in Moll?

[14] Und das ist das Siegreiche in Beethoven, daß er von allen „modernen" Tondichtern am wenigsten den Forderungen der Instrumente nachgab. Hingegen ist es nicht zu leugnen,

daß Wagner einen „Posaunensatz" geprägt hat, der – seit ihm – in den Partituren ständige Wohnung nahm.

[15] „Die gleichschwebende zwölfstufige Temperatur, welche bereits seit ca. 1500 theoretisch erörtert, aber erst kurz vor 1700 prinzipiell aufgestellt wurde (durch Andreas Werkmeister), teilt die Oktave in zwölf gleiche Teile (Halbtöne, daher „Zwölfhalbtonsystem") und gewinnt damit Mittelwerte, welche kein Intervall wirklich rein, aber alle leidlich brauchbar intonieren."

(Riemann, Musiklexikon.)

So haben wir durch Andreas Werkmeister, diesem Werkmeister in der Kunst, das „Zwölfhalbtonsystem" mit lauter unreinen, aber leidlich brauchbaren Intervallen gewonnen. Was ist aber rein und was unrein? Unser Ohr hört ein verstimmtes Klavier, bei welchem vielleicht „reine und brauchbare" Intervalle entstanden sind, als unrein an. Das diplomatische Zwölfersystem ist ein notgedrungener Behelf, und doch wachen wir über die Wahrung seiner Unvollkommenheiten.

[16] Man nennt es „Harmonielehre".

[17] So schrieb ich 1906. Die seither verflossenen zehn Jahre haben unser Ohr ein klein wenig erziehen geholfen.

[18] »New Music for an old World. Dr. Thaddeus Cahills Dynamophone, an extraordinary electrical Invention for producing scientifically perfect music by Ray Stannard Baker«. Mc. Clure's Magazine, July 1906. Vol. XXVII, No. 3. –

Über diesen transzendentalen Tonerzeuger berichtet Mr. Baker des weiteren: … Die Wahrnehmung der Unvollkommenheit der Tongebung bei allen Instrumenten führte Dr. Cahill zum Nachdenken. Material, Indisposition, Temperatur, klimatische Zustände beeinträchtigen die

Zuverlässigkeit eines jeden. Der Klavierspieler verliert die Macht über den absterbenden Klang der Saite von dem Augenblick an, wo die Taste angeschlagen wurde. Auf der Orgel kann die Empfindung an der festgehaltenen Note nichts ändern. Dr. Cahill ersann die Idee eines Instruments, welches dem Spieler die absolute Kontrolle über jeden zu erzeugenden Ton und über dessen Ausdruck gewährte. Er nahm sich die Theorien Helmholtz' zum Vorbild, die ihn lehrten, daß die Verhältnisse der Zahl und der Stärke der Obertöne zum Grundton den Ausschlag für den Klangcharakter der verschiedenen Instrumente geben. Demnach konstruierte er zu dem Apparat, welcher den Grundton schwingen läßt, eine Anzahl supplementärer Apparate, von welchen jeder einen der Obertöne erzeugt, und konnte solche in beliebiger Anordnung und Stärke dem Grundton zuhäufen. So ist jeder Klang einer mannigfaltigsten Charakterisierung fähig, sein Ausdruck auf das empfindlichste dynamisch zu regeln, die Stärke vom fast unhörbaren Pianissimo bis zur unerträglichen Lautmacht zu produzieren. Und weil das Instrument von einer Klaviatur aus gehandhabt wird, bleibt ihm die Fähigkeit bewahrt, der Eigenart eines Künstlers zu folgen.

Eine Reihe solcher Klaviaturen von mehreren Spielern gespielt, kann zu einem Orchester zusammengestellt werden.

Der Bau des Instrumentes ist außerordentlich umfangreich und kostspielig, und sein praktischer Wert müßte mit Recht angezweifelt werden. Zum Vermittler der Schwingungen zwischen dem elektrischen Strom und der Luft wählte der Erfinder das Telephon-Diaphragma. Durch diesen glücklichen Einfall ist es möglich geworden, von einer Zentralstelle aus nach allen den mit Drähten verbundenen Plätzen, selbst auf große Entfernungen hin, die Klänge des Apparates zu versenden; und gelungene Experimente haben erwiesen, daß auf diesem Wege weder von den Feinheiten noch von der Macht der Töne etwas eingebüßt wird. Der in Verbindung stehende Raum wird zauberhaft mit Klang erfüllt, einem wissenschaftlich vollkommenen, niemals versagenden Klang, unsichtbar, mühelos und unermüdlich. Dem Bericht, dem ich diese Nachrichten entnehme, sind authentische Photographien des Apparates beigegeben, welche jeden Zweifel über die Wirklichkeit dieser allerdings fast unglaublichen Schöpfung beseitigen. Der Apparat sieht aus wie ein Maschinenraum.

[19] Hier macht sich Nietzsche eines Widerspruchs schuldig; träumt er vorher von einer vielleicht „böseren" Musik, so denkt er sich jetzt eine Musik, die „von Gut und Böse nichts mehr wüßte"; – doch war mir bei der Anführung um den letzteren Sinn zu tun.

[20] Wie auf Verabredung schreibt mir dieser Tage (1906) Mr. Vincent d'Indy: ».... *laissant de côté les contingences et les petitesses de la vie pour regarder constamment vers un idéal, qu'on ne pourra jamais atteindre, mais dont il est permis de se rapprocher.*«

[21] Ich glaube gelesen zu haben, daß Liszt seine Dante-Symphonie auf die beiden Sätze »*Inferno*« und »*Purgatorio*« beschränkte, „weil unsere Tonsprache für die Seligkeiten des Paradieses nicht ausreiche."